엄마, 울지 마세요
사랑하잖아요

엄마, 울지 마세요 사랑하잖아요
이승일 시집

초판 인쇄 | 2008년 12월 10일
초판 발행 | 2008년 12월 15일

지은이 | 이승일   펴낸이 | 신현운   펴는곳 | 연인M&B   디자인 | 이희정   기획 | 여인화
등록 | 2000년 3월 7일 제2-3037호
주소 | 143-874 서울특별시 광진구 자양동 680-25호 (2층)   전화 | (02)455-3987   팩스 | (02)3437-5975
홈주소 | www.yeoninmb.co.kr   이메일 | yeonin7@hanmail.net

값 10,000원

저자와의 협의에 의하여 인지는 생략합니다.
ⓒ 이승일   2008 Printed in Korea

ISBN 978-89-6253-018-6 03810

이 책은 연인M&B가 저작권자와의 계약에 따라 발행한 것이므로 본사의 허락 없이는 어떠한 형태나 수단으로도 이 책의 내용을 이용하지 못합니다.
잘못된 책은 바꾸어 드립니다.

항아리 속에 장미가 있다
마당에도 장미가 있다
예쁘다고 엄마가 말씀하셨다

꽃병 속에 살아 있는 장미꽃은
마당에 피어 있는 것보다
더 좋아할 것이다
모두 예뻐하니까

장미 아홉 송이
빨강 네 송이
분홍 한 송이
흰색 네 송이

이승일 시집

엄마, 울지 마세요
사랑하잖아요

빨간 장미는 누나한테 줄거다
사랑하니까

나머지는 엄마한테 줄거다
좋아하니까

엄마와 누나는 꽃을 좋아하는 여자니까.

연인 M&B

| 엄마의 말 |

단풍나무 아이

    오늘도 가위를 들고 한 일간지의 '애송동시' 란을 스크랩합니다. 아이로 하여금 매일 시 한 편씩 읽게 합니다. 그것도 큰 소리로.

    마당 한켠의 단풍나무 앞에 아이를 앉힙니다. 단풍나무 아이는 아이와 매일 만나는 친구입니다. 하늘을 쳐다보게 합니다. 그리고 나서 주위를 돌아보게 합니다. 다시 단풍나무를 살피도록 합니다. 천천히 그리고 자세히…… 본 것을 말하게 합니다.

"무엇이 보이니?"
"몰라요."
"보이는 게 없어?"
"단풍나무요."

"단풍나무가 어떻게 하는데?"
"떨고 있어요."
"왜?"
"바람이 부니까요."
"바람이 불면 단풍나무가 어떻게 될까?"
"두려워요."
"두려움이 뭔데?"
"왕따에요."
"왕따가 뭔데?"
"2학년 때 내가 당한 거요."
"그랬구나, 우리 애기 힘들었겠구나."
"네."

아이는 잔디 위에 엎드립니다. 백지 공책에다 단풍나무와 대화한 내용을 씁니다. 울퉁불퉁한 바닥에서 쓰기가 쉽지 않을 것 같습니다. 마치 이 사회에서 장애아가 발 디딜 곳이 쉽지 않은 것처럼.

"엄마, 다 썼어요."

"그래 어디 보자, 으음 마음을 그려 놓았네."
아이의 가슴을 내 가슴으로 덮어주었습니다. 단풍나무 이파리가 하늘하늘 눈웃음을 칩니다.

1990년 9월 승일이 낳은 지 3일 만에 '경기(덧말:驚氣)'를 시작했답니다. "꼴깍, 꼬올깍." 그때 숨넘어가는 소리를 처음 들었습니다. 우리 부부는 아기를 위해 할 수 있는 일이 하나도 없었습니다. 그냥 꼬옥 안아주고 증세가 멈추길 기다리는 수밖에…….

그러기를 5년……, 하루 서너 번씩 천당과 지옥을 오갔습니다. 그 후유증으로 다른 아이들이 목을 가눌 때 못 가누고, 설 때 못 서고 옹알이할 때 옹알이를 하지 못했답니다.
그래서 승일이에게는 누나, 형에게 차려주지 못했던 돌잔치를 크게 차려주었습니다. "올해가 생일상이 마지막일 수도 있다."는 심정으로 매년 그렇게 해 왔습니다.

승일이가 여덟 살 때였습니다. 장애 등록을 하고 난 후 일주일 뒤 경찰서에서 통지문 한 장이 날아왔습니다. 길가에서 휠체어 탄 성인 장애인들이 싸움을 했다는데, 우리 보고 그것을 목격했는지 신고하라는 것이었습니다. 피눈물을 흘리면서 장애인 가족임을 인정해야 하는 순간이었습니다.
승일이 앞에 주저앉아 많이도 울었습니다. 그런데 언제부터인가 승일이의 공책 속에서 엄마의 눈물을 걱정하는 글귀들이 보이기 시작했습니다. 하루하루 꾸밈없이 쓰는 승일이 일기는 차츰 나를 감동시킬 정도였습니다. 엄마의 마음이 승일이의 마음에 가 닿았다는 것이 확인되는 순간 내가 할 수 있는 일이란 고작 승일이 머리를 감싸고 우는 것뿐이었습니다.

이제 늦가을……, 봄부터 줄곧 승일이의 친구가 됐던 마당의 모든 화초들이랑 단풍나무도 잎사귀를 다 떨구고 어느새 겨울잠에 들었습니다. 이제 모두 우리 가족이 된 셈입니다.

끝으로 승일이의 각별한 친구가 되어주신 아라동 이웃들께 감사드립니다. 그리고 승일이네 같은 반 친구들에게 고맙다는 말로 전하고 싶습니다. 더구나 승일이가 쓴 시의 가치를 인정하고 선뜻 출판에 응해 주신 연인M&B 출판사 신현운 사장님께 감사드립니다. 삽화를 그려주신 승일이와 같은 학교 학부모이신 아라중학교 1학년 지수 어머니(김정아 씨)께도 고마움을 전합니다.

특히 먼발치에서 승일이의 글 쓰는 모습을 지켜보시며 우리 모자에게 용기를 잃지 않게 해 주신 고정국 선생님의 은혜는 오래오래 잊을 수가 없을 것입니다.

2008. 늦가을
승일이 엄마 고혜영

| 축하의 글 |

깨끗한 영혼의 필사본

지난 시월 '가족문학의 밤'에 승일이가 엄마랑 단에 올라, 자기가 쓴 시 〈마늘꽃〉을 낭송했다. 행사를 치른 지 한참이 지났지만, 그때 자리를 같이 했던 사람들이 유독 승일이의 〈마늘꽃〉 낭송을 이야기한다.

"가을바람이 휘휘 분다/구름도 살랑살랑 흘러간다/마늘꽃이 하얗게 피어 있다/엄마가 마늘꽃 진짜 이름은/흰꽃너도샤프란이라고 했다//오늘 누나가/하얀 치마 입고 서울 갔다/추석 때 다시 온다고 했다/그때까지 마늘꽃은 우리 누나다."

일 년 전 승일이가 엄마 따라 시 쓰는 것을 배우겠다고 찾아왔다. 나는 그때 집근처에 나무가 있느냐고 물었다. 그러자 승일이가 마당에 꼬마 단풍나무가 있다고 했다. 그래서 시를 나에게 배우지 말고, 오늘부터 단풍나무와 친구가 되라고 했다. 그러면 단풍나무가 승일이에게 시를 가르쳐 줄 것이라고 했다. 며칠 전 엄마는 승일이가 썼다는 시 전부를 커다란 서류봉투에 넣고 찾아왔다. 승일이가 쓴 시의 일기를 한 권의 책으로 엮어주고 싶다면서 가필을 부탁하러 온 것이었다.

두고 간 원고를 읽었다. 승일이는 그사이 단풍나무를 시작으로 마당 안에 모든 화초들과 아주 깊은 친구관계를 나누었던 것 같다. 하루도 빠짐없이 그들과 나눈 대화들이 천진난만한 시의 옷을 입고 여기저기에서 초롱초롱 빛나고 있었다. 이 깨끗한 영혼의 필사본에 가필이라니, 가당치도 않았다. 맞춤법 몇 군데와 띄어쓰기 몇 군데 말고는 어느 한 부분 수정하고 덧붙이는 그 자체가 무슨 죄를 짓는 것이나 다름이 없다고 생각되었다.

"마당에서 아빠가 잔디를 깎으신다/풀 냄새가 났다/길 모양 같다//아빠가 깎은 잔디는 고속도로 같다/내가 깎은 잔디는/신양리 할머니 집 길 같다."

좋은 글이란 머리에 선명한 그림이 떠오르게 하고, 읽는 이로 하여금 많은 것을 생각하게 한다.

세상엔 세 개의 톱니바퀴가 있다. 현실의 톱니바퀴와 역사의 톱니바퀴와 하늘의 톱니바퀴다. 하늘이 자연을 통해 우리에게 전하려는 언어를 우리말로 받아쓰는 존재가 바로 시인이라고 했을 때, 승일이야말로 감성의 코드를 하늘의 톱니바퀴에 맞춘 파란 마음의 시인임엔 틀림이 없다.

시인이면서 산악인 장호 교수는 "길이 끝나는 지점에서 등산은 시작된다."고 했고, 빅토르 위고는 〈레미제라블〉에서 "절망은 삶의 끝이 아니라, 구원의 시작"이라고 했다.

"오늘 엄마가 눈물을 흘렸다/텃밭에 돌 발판을 세웠다/흙속에 바퀴가 굴러가는 것 같다//저 동그라미처럼/엄마가 울지 않았으면 좋겠다."

승일이도 정녕 엄마의 눈물을 여러 차례 보아온 것 같다. 정신장애 막내를 둔 엄마의 눈물은 얼마나 짜디짰을까. 그러나 그 엄마는 절망하지 않았고, 장애인 아들의 성정에 숨어 있는 시창작의 가능성을 찾아냈던 것이다. 결국에는 승일이로 하여금 이처럼 따뜻하고 예쁜 시집을 우리 가슴에 안겨줄 수 있게 하지 않았는가. 그것이 바로 절망하지 않는 어머니의 힘, 가족과 이웃의 힘이라는 것을 믿어 의심치 않는다.

"딩동, 딩동 딩동! 딩동, 딩동 딩동!" 승일이와 그의 가족 모두에게 축하의 박수와 마음의 꽃다발을 전한다.

2008. 11.
고정국(시인)

| 차례 |

단풍나무 아이 · 승일이 엄마 고혜영 | 4
깨끗한 영혼의 필사본 · 고정국 시인 | 6

제1부 별나무

민들레 | 16　딩동딩동 | 17　단풍나무 | 18　별나무 | 19　연보라색 꽃 | 20
무지개 | 21　매미가 울고 있어요 | 22　우리 마당에 온 아기별꽃 | 23　별꽃 | 24
사는 곳은 | 25　붉게 물든 단풍나무 | 26　왈왈왈 | 27　우리 집 연꽃 | 28　누나 | 29
보슬보슬 비 오는 날 | 30　단풍나무와 벌 | 31　상 타는 날 | 32　나비 새싹 | 33
해오라기 | 34　나비 | 35　풀잎에 맺힌 이슬 | 36　우리 누나 | 37　수국 | 38
잔디 깎기 | 39　나무 쑥갓 | 40　친구 | 41　문패 다는 날 | 42　지구처럼 생긴 꽃병 | 43
단풍나무 아이 | 44　돌담 구멍으로 | 45　돌담 | 46　비 | 47　솔국화 | 48

제2부 네 잎 클로버

해님 | 50　　바람 | 51　　비 오는 날 | 52　　천둥 번개 | 53　　네 잎 클로버 | 54
초승달 | 55　　해질녘 | 56　　고민하는 달 | 57　　봉숭아꽃 | 58　　철봉 타는 고추 | 59
노란 장미 | 60　　수련 1 | 61　　수련 2 | 62　　바이킹 타는 무지개 | 63　　페추니아 공연 | 64
우리 집 과꽃 | 65　　보름달 | 66　　피시방 가고 싶다 | 67　　〈거인 이야기〉를 읽고 | 68
바다 | 69　　토끼는 안 맺혀 | 70　　옥수수 | 71　　소록도에서 | 72

제3부 해바라기 가로등

낮잠 자는 채송화 | 74   엉덩이 아픈 양파 | 75   소록도 오이꽃 | 76   게 | 77
소록도 마늘 | 78   나팔꽃 1 | 79   호박꽃 | 80   나팔꽃 2 | 81   저녁 호박꽃 | 82
삼계탕 | 83   7년 동안의 잠 | 84   샐비어꽃 | 85   파리 | 86
하늘에 무슨 일이 생긴 걸까 | 87   수박 | 88   마늘꽃 | 89   고추 | 90
장미의 가족 | 91   교육박물관에 가서 | 92   아이들 | 93   개미의 이불 | 94
장미꽃 | 95   잠자리 1 | 96   잠자리 2 | 97   잠자리 3 | 98   해바라기 가로등 | 99
한라산 구름 오름 | 100   파도 | 101   아침 | 102   벌초 | 103   달맞이꽃 | 104
밤에 | 105   소나기 | 106   콩 | 107   코스모스 리본 | 108   즐거운 토요일 | 109
횡등가리 | 110   비 오는 날 | 111   우리 동네 | 112

제4부 골목에 핀 꽃

꼬투리가족 | 114　　10월 달력 | 115　　골목에 핀 꽃 | 116　　우리 동네 차 | 117

낙엽 | 118　　구름 우유 | 119　　우리 형 | 120　　억새꽃 | 121　　우리 동네 | 122

나무 | 123　　이야기 의자 | 124　　개미 가족 | 125　　왕호박 | 126

아무도 없는 운동장 | 127　　담임선생님 | 128　　3학년 6반 | 129　　사과 | 130

김밥 | 131　　단풍 그네 | 132　　낙엽 누나 | 133　　털머위꽃 | 134

제1부 **별나무**

민들레

나는 착하기 때문에
나쁜 말을 하지 않습니다
좋은 말만 하겠습니다

우리 동네 민들레꽃처럼.

딩동딩동

"딩동딩동"
선생님 오시고요

"딩동딩동"
형 오고요

"딩동딩동"
엄마 오고요

"딩동딩동"
누나가 남았나?

"딩동딩동"
아빠가 오셨네

"딩동딩동"
우와,
누나가 왔다.

* 2008년 5월 10일 목요일.

단풍나무

바람에 단풍나무 가지가 흔들린다
가지가 흔들릴 때마다
나무는 괴로울 것이다
이 학년 때 왕따당하고 내가 울었던 것처럼
나무도 울고 있을 것이다

나의 피부는 부드럽다
나의 마음도 부드럽다
그래서 단풍나무는 봄부터 잎이 곱다

나도 저 단풍나무처럼
부드러운 마음을 갖고 살 것이다.

* 2008년 5월 13일 화요일 바람 불었다.

별나무

우리 집에는 별이 있다
반짝반짝 빛나는 별이 있다
앞마당에 단풍나무가 심어져 있다
단풍나무 가지에 별이 뜬다
우리 집 단풍나무는
우리 집을 더욱 더
빛나게 해 준다.

* 2008년 5월 14일 수요일 맑음.

연보라색 꽃

우리 집 화단에 연보라색 꽃이 피었다
봉오리는 내 배꼽 같고
활짝 핀 꽃은 바람개비 같구나
향기는 사람처럼 달콤하다
그 이름 파라솔 꽃.

* 2008년 5월 15일 목요일 맑음.

무지개

파라솔 꽃에 물을 주었다
호스를 높이 들자
꽃 위에 무지개가 떴다
빨 주 노 초 파 남 보
꽃보다 무지개가 더욱 곱다.

*2008년 5월 18일 일요일.

매미가 울고 있어요

밖에 매미가 울고 있어요
바람은 시원하고 해님은 저쪽에 있어요
오늘은 입추
가을이 오고 있어요
내일은 말복
여름이 가고 있어요

매미는 더 크게 울고 있어요
슬퍼서요
이제 여름이 끝났으니까요
집에 가라
집에 가라
매미는 더욱 슬프게 울고 있어요
나도 슬퍼요

방학이 끝나니까요
친구들이 놀릴까 봐서요.

우리 마당에 온 아기별꽃

우리 집 마당에 핀 아기별꽃
너도 봄맞이하러 나왔구나

집에는 우리 둘 뿐
둘이 있어서
심심하지 않구나.

* 2008년 5월 27일.

별꽃

반짝반짝 빛나거라
아름답게 빛나거라
밝게밝게 빛나거라
눈부시게 빛나거라
우리 마당에 온 별꽃들아.

* 2008년 5월 29일 목요일 맑음.

사는 곳은

사는 곳은 집이다
사는 곳은 놀이터다
사는 곳은 공원이다
사는 곳은 그네다
사는 곳은 학교다.

붉게 물든 단풍나무

키가 내 허리만큼 한 단풍나무
내 품안에
한아름 안을 수 있는 단풍나무

늦은 봄이지만
붉게 물든 단풍나무
지금은 작지만
나중에는 내가 편안하게 쉴 수 있는
우리 집 단풍나무.

* 2008년 5월 29일 목요일.

왈왈왈

동네 사람들이 지나간다
강아지 귀처럼
아마릴리스가
봉오리를 품었다
담 밑에서 쫑긋쫑긋한다.

* 2008년 6월 1일 일요일 맑음.

우리 집 연꽃

아침 햇살에 하얀 대문을 열었다
낮에 놀다가
저녁 해가 지자
소리 없이
대문을 닫았다.

* 2008년 6월 1일 일요일 맑음.

누나

벌써 유월이다
6월은 원호의 달이다
전국장애인예술축제 상 타러
서울에 간다

다른 장애인 엄마들과 김포공항 갈거다
누나도 보러 간다
누나는 상 타는 데 온다
현충일 저녁때 올 거다

누나는 7월 4일 금요일에
제주도 우리 집에 올 거다.

* 2008년 6월 3일 화요일.

보슬보슬 비 오는 날

오늘 낮이 되면 개일 것이다
내일은 낮부터 전국적으로 비가 온단다

오락가락하는 비

내일부터 밤에
천둥번개 친다고 한다
마당에 단풍나무가
무서워하지 않을까.

* 2008년 6월 3일 화요일.

단풍나무와 벌

어떤 관계일까
벌은 나뭇잎에 앉아
꼼짝도 하지 않았다

내가 볼펜으로 살짝 건드리자
벌은 날아갔다
단풍나무와 벌은
도대체
어떤 관계일까.

* 2008년 6월 4일.

상 타는 날

첫날은 서울시립북부복지관에 갔다
제21회 전국장애인예술대회 시상식
글짓기 부분 장려상을 탔다
"이승일." 하고 부르니까
"네!" 하고 바로 나갔다

수건 세 장하고
트로피를 받았다
기뻤다

다음날은 에버랜드에 갔다
후룸라이트를 탔다
"아~아." 하고 외쳤다
무서워서 눈물이 났다.

* 2008년 6월 6일 금요일.

나비 새싹

단풍나무 밑에
다른 풀의 새싹이 돋았다
모두 열 개다
그중 두 개의 이파리가
나비 같다.

* 2008년 6월 8일 일요일.

해오라기

항아리에 물이 있다
돌이 바위 같다
바위 사이에 미나리가 있다
미나리 사이에 해오라기가 피어 있다
하얀 잠자리처럼 날아간다
나비가
왔다 갔다 한다.

* 2008년 6월 8일 일요일 맑음.

나비

우리 집 화단에 나비가 날아온다
꽃과 나무랑 놀려고 한다
나비 세 마리가 왔다

우리 집 화단에 나비가 놀러온다
강아지랑 놀려고 한다
강아지는 나비를 좋아한다
강아지랑 나비랑 숨바꼭질한다.

* 2008년 6월 10일 화요일.

풀잎에 맺힌 이슬

깨끗한 이슬
속이 환하다

목이 마른 풀잎에게
생수 같은 이슬
나무에게 친구 같은 이슬

모두가 속이 다 보인다
그래서 깨끗하다.

* 2008년 6월 11일 수요일.

우리 누나

우리 누나는 무슨 꽃을 좋아할까
희고 깨끗한
칼라꽃을 좋아할 것 같다

우리 누나는 나를 도와준다
비행기 타는 것 도와주고
에버랜드에서
후룸라이트도 태워줬다

칼라꽃처럼 예쁜
우리 누나.

* 2008년 6월 12일 목요일.

수국

색종이가 우리 마당에 펼쳐져 있다
보랏빛 비행기 접어
날아가고 싶다
용인 사는 누나에게로
날아가고 싶다.

* 2008년 6월 15일 일요일.

잔디 깎기

마당에서 아빠가 잔디를 깎으신다
풀 냄새가 났다
길 모양 같다

아빠가 깎은 잔디는 고속도로 같다
내가 깎은 잔디는
신양리 할머니 집 길 같다.

* 2008년 6월 15일 일요일, 날씨는 바람 비.

나무 쑥갓

배드민턴공 같다
아빠 엄마는 배드민턴을 친다
삼성체육관에 간다
변대근 아저씨가 이겼다
엄마도 이겼다

구절초가 엄마 손을 잡아주었다.

* 2008년 6월 15일 일요일, 날씨는 바람 비.

친구

내가 손을 꼭 잡아주고 싶은 친구
김대원, 손을 꼭 잡아주는 친구야
너에게 잘해 주고 싶은 친구
나한테 좋은 친구야.

* 날씨 맑음.

문패 다는 날

예쁜 나무 문패 대문에 있다
하얀 글씨로
'승일이네 집' 이라 적혀 있다

'아빠 이상순'
'엄마 고혜영'
'누나 이영은'
'형아 이승민'

마당에 온 파라솔 꽃
"짝 짝 짝"
축하해 준다.

지구처럼 생긴 꽃병

꽃병에 물이 많아요
장미 여덟 송이랍니다
장미 한 송이가
떨어져 있습니다
가지에는
가시가 있습니다
꽃잎은 분홍색입니다
병들어가는 모습도 보입니다.

단풍나무 아이

오늘 엄마가 눈물을 흘렸다
텃밭에 돌 발판을 세웠다
흙속에 바퀴가 굴러가는 것 같다

저 동그라미처럼
엄마가 울지 않았으면 좋겠다.

* 2008년 6월 19일 목요일.

돌담 구멍으로

돌담 구멍으로 꽃들이 보인다
돌담이 울퉁불퉁하다
이럴 땐 꽃들도 울퉁불퉁하다

오늘은 수요일
송미경 선생님이 오시는 날이다.

* 2008년 6월 25일 수요일.

돌담

바다 속 깊이 꿈틀 꿈틀거리고 있었다
그 뜨거운 것이
바다 위로 올라왔다
이글이글 끓다가 폭발한 돌멩이들
구멍이 뻥뻥 나 있다
제주도 돌멩이는
구멍 뚫린
우리 엄마 가슴 같다.

* 2008년 6월 26일 목요일.

비

비가 세게 내린다
마당에도 나무에도 시멘트에도
그림을 그린다
동그라미
네모
세모
그림을 그리다가
지웠다가
또 그린다

내가 무서워서
구름들이 도망친다.

*2008년 6월 28일 토요일.

솔국화

돌담 벽에 선풍기 여섯 대가 달려 있어요

아빠 방에도 선풍기가 있어요
우리 집에 선풍기가 참 많아요
그래서
여름이 참 시원해요.

* 2008년 6월 30일 일요일.

제2부 **네 잎 클로버**

해님

비 온 뒤에
개인 하늘

한라산에 구름이
우리 집 이불 빨래처럼 걸려 있다

해님이 방긋 웃는다.

* 2008년 7월 1일 화요일.

바람

바람이 코스모스를 흔들게 한다
바람이 뭐라고 속삭였기에
코스모스가 흔들린 걸까

해오라기 꽃으로 내가 다가갔다
해오라기 꽃도 부끄러워
살짝
몸을 흔들었다.

* 2008년 7월 2일 수요일.

비 오는 날

노란색 파란색 우산 쓰고
비 오는 마당에서
엄마가 왔다 갔다 한다
손에는 풀, 신문이 있다

강아지가 찢어 놓은 신문지 때문에
허리를 구부린다
할머니 같다.

천둥 번개

천둥 번개가
올라갔다
내려갔다
천둥 번개가
왔다 갔다 한다

천둥 번개가
쿵쾅 쿵쾅
아래쪽을 내려친다

밤하늘은 검은 색깔인데
하얀 번개가 친다.

네 잎 클로버

우리 마당엔 네 잎 클로버가 없다
어린이동산 7월호에
네 잎 클로버가 있다
이파리가 네 개다
클로버는
세 잎과 네 잎 두 가지다

네 잎 클로버를 노래했다

네 잎 클로버는 행운,
세 잎 클로버는 무엇일까?

* 2008년 7월 3일 목요일.

초승달

연북로 길에 따라오는 초승달
노래 가사에 나오는 초승달이다
한라아트홀 남쪽에서 헤어졌다.

* 2008년 7월 6일 일요일 날씨 맑음, 폭염주의보 덥다.

해질녘

해가 뜨는 것은 일출
해가 지는 것은 일몰

점점점 해가 숨는다
꼭꼭 숨어버렸다

숨바꼭질하는 것처럼 캄캄하다.

* 2008년 7월 10일 목요일.

고민하는 달

별 하나가 달 옆에 있다
안개가 달을 막고 있다
달이 고민하나 봐
승일이 때문일까
승일이가 볼까 봐

* 2008년 7월 10일 밤 9시 35분 목요일, 날씨는 맑음.

봉숭아꽃

도 레 미 파 솔 라 시 도
리코더가 되어
노래 부른다

주렁주렁 봉숭아꽃
돌담 옆에 피었다
'즐거운 나의 집'
합창을 한다.

* 2008년 7월 12일 토요일 날씨 맑음.

철봉 타는 고추

고추가 철봉 타고 있다
두 팔로 매달려 있다

철봉 타다 실패한 것일까
나를 보고 부끄러워하는
고추
두 개.

노란 장미

봉오리에서 나온 꽃은
배꼽 같다
아기배꼽처럼 폭 나왔다

꽃잎은 노랑 나비색
화분색은 초록이다

노란 장미의 향기가 좋다.

* 2008년 7월 15일 화요일.

수련 1

잎은 접시 같아
동그라미 음식을 넣고
개구리밥을 담을 수 있도록
동그라미가 크게 만들어져 있다

헤엄치다 지친 개구리들이
쉴 수 있도록 만들어져 있다

잎 위에 사람도 앉을 수 있을 것 같다
누가 만들었을까,
참 예쁘게 만들었다
잎이 잠깐 흔들렸다.

* 2008년 7월 16일 수요일.

수련 2

어제는 외로웠나 봐
친구에게 데려다주마
외로움은
슬픈 것이다
혼자 왕따당하는 것이다

방학이다
내가 친구 되어줄게
나랑 봉숭아꽃 구경 가자.

* 2008년 7월 17일 목요일.

바이킹 타는 무지개

새벽 5시 57분
무지개가 떴다

빨주노초파남보
바이킹 탄 모습으로
구름 위에서
한라산 끝으로 내려왔다

아침에 비 올까 봐 내려온 무지개

오늘 오후에는
비와 갈매기 태풍이 북상한단다.

* 2008년 7월 19일 토요일 초복, 날씨는 맑다가 오후에 비와 태풍.

페추니아 공연

"빠빠빠" 나팔 불면서
꽃들이 공연한다

"짝짝짝" 박수치는
승일이 앞에서
고개를 흔들며
노래 부른다

엄마도 꽃처럼 고개를 흔든다.

* 2008년 7월 20일 일요일, 날씨는 맑음.

우리 집 과꽃

분홍리본 머리에 달았다
엥제닉 미장원에 다녀온 것 같다
그 미장원은
엄마 누나 승일이가 가는 곳이다

나에게 잘 보이려는 것일까
달님이 빗으로 머리를 빗겨준다
부끄러워 고개 숙인 우리 집 과꽃.

* 2008년 7월 20일 일요일 10시 7분.

보름달

십 원짜리 동전 하나
남녕테크빌 지붕 위에 걸려 있네
동전 따다가 아이스크림 사먹고
형아에게 줄 라면도 사고 싶다

매일매일 보름달 뜨면
우리 집 부자 되겠네.

* 2008년 7월 20일 일요일 밤 10시 16분.

피시방 가고 싶다

무서운 무더위
찌는 듯한 더위
삼복더위
쓰러질 것 같은 더위
더위를 탈출하고 싶다

피시방으로!

* 2008년 7월 24일 목요일.

〈거인 이야기〉를 읽고

숲속 마을엔
힘이 센 거인
자꾸만 심술을 부려
놀지 않았다네
작은 애가 준 알약 세 알 먹고
착한 젊은이가 되었다네

숲속에는 다시
평화가 찾아왔다네
나도 나도 기쁘다네.

* 2008년 7월 25일 금요일.

바다

바다에 갔다
바닷가 보말 잡는 아이
수영대회하는 아이
돌 던지는 아이
꽃게에게 보말 줄 거라고 잡는 것을
승일이 한테 준다
내가 보말을 먹을까 봐 주었다
수영하는 아이 얼굴이 새까맣다
입술도 까맣다

추운 것 같은데 계속 계속
바다 속으로 뛰어들었다

나도 아이들 따라 뛰어들고 싶다

중학생 여자 같은 아이들이
돌을 던지고 있다
바다가 아플 것 같다

아이들은 돌을 던지면
바다가 좋아한다고 생각하는 것 같다
바다는 아파도
아이들은 마음이 즐겁다

바다에 오면 사람들이 부끄럽지 않은가 보다
옷 벗고 집으로 간다.

* 2008년 7월 26일 토요일.

토끼는 안 맺혀
― 〈누가 더 놀랬을까〉를 읽고

밭에 콩을 심었다
흙을 파면 시커멓다
물을 줘야 하고 흙을 줘야지
잎이 나와요
꽃도 피어요
콩이 열려요
주렁주렁 토끼 인형을 심어요
흙에 지렁이가 엉금엉금 기어가요
잎이 나오지 않아요
꽃도 피지 않아요
토끼도 주렁주렁 달리지 않아요
콩만 심어라
토끼는 열리지 않아.

* 2008년 7월 28일 월요일.

옥수수

옥수수는 여자 같다
옥수수 껍질은 바지 같다
하나 둘 셋 넷

아직도 안 벗겨졌다
계속 계속 벗겼다
갈색 머리카락 흰색 이빨이 나타났다
이빨 사이에 구멍이 생겼네
벌레가 배고파서 먹었나 봐

옥수수 삶아서 가족들 줘야지
옥수수가 하나밖에 없네
그럼 나 혼자 먹어야지.

* 2008년 7월 30일 수요일.

소록도에서

첫날은 4시에 부두 도착
녹동에는 9시 56분에 도착했다
다음날은 5시 30분에 일어났다
7시는 성당 가고
7시 30분에 신생리 마을에 도착했다
도배하고 청소하고 문어도 먹고
봉사활동했다.

* 2008년 7월 31일 목요일.

제3부 **해바라기 가로등**

낮잠 자는 채송화

소록도 할머니 집 마당에
채송화 꽃이 피어 있다
꽃들은
가느스름 눈이 감겨 있다
소록도에 꽃들도
내가 반가운가 봐
꽃들이 윙크한다.

* 2008년 8월 1일 맑음, 소록도에서.

엉덩이 아픈 양파

꽃 옆에 양파가 매달려 있다
할아버지 옆에 마늘이 매달려 있다
양파와 마늘은 철봉놀이한다
양파와 마늘이 대결한다
마늘이 이겼다
엉덩이가 아파서
양파는 졌다
할아버지 앞에서
양파가 부끄러워한다.

* 2008년 8월 1일 소록도에서.

소록도 오이꽃

이파리가 죽어간다
사람들이 아파하기 때문에
소록도 사람들은 아프다
손가락이 부러졌다
오이꽃도 죽어가고 있다

아프지 않게 즐겁게 놀이하고 싶다
주사기 놀이했으면 좋겠다

소록도 사람들이 웃었다
오이꽃도 춤추고 있다.

* 2008년 8월 1일 금요일 더웠다.

게

게가 내 손으로 온다

발 네 개가
옆으로 기어온다
손가락이 꼼질꼼질한다

게는
할머니 집으로 가버렸다.

* 2008년 8월 2일 토요일 맑음.

소록도 마늘

우리 집에는 마늘이 많다
된장 찍어 먹었다
후후 입에 바람을 피웠다
눈물이 입으로 들어왔다
소록도 신생리 마을은
매워서 매달리고 있었나 봐.

나팔꽃 1

나팔꽃은 예쁘다
나비 같다
잠자리 같다

날개 있는 벌레처럼
파르스름한 꽃잎
나팔꽃 참 예쁘다.

* 2008년 8월 3일 맑음.

호박꽃

숟가락으로 파 놓은 것 같다
벌이 놀러왔다
아침 일찍 두리번 두리번거린다

우리 엄마 호박죽 훔치러 왔나?
해님이 쫓아낸다.

* 2008년 8월 4일 아침 7시.

나팔꽃 2

단풍나무 사이로 얼굴 내미는 나팔꽃
승일아 잘 들어갔니?
소록도 할머니 안부 묻는다
할머니 집 감나무에 매달린
스피커 생각이 난다
문어 먹고 얼음수박 배달했었다
우리 집 마당에
나팔꽃 스피커가 달려 있다.

* 2008년 8월 5일 아침 6시 30분 맑음.

저녁 호박꽃

해 지는 모습으로
머리 숙인 우리 집 호박꽃
그 옆에서 기도하는
또 하나의 호박꽃
우리 엄마한테
"안녕히 주무세요."
인사한다.

삼계탕

초복에 죽을 먹었다
엄마가 중복에도 끓였다
내일은 말복
엄마가 삼계탕을 끓여주실까?

삼계탕은 맛있다
땀이 주룩주룩 난다
더운 여름인데
시원한 삼계탕 안 먹고
뜨거운 삼계탕을 왜 먹을까?

내일은 시원한 삼계탕을 먹고 싶다.

7년 동안의 잠

개미가 땅속에서 매미를 보았다
개미들은
"앗싸!"
먹을 거라 좋아했다

그중 늙은 개미가
"7년 동안 잠을 자고 있는 매미다."라고 했다

"영차영차."
개미들은 땅 위로 매미를 올려주었다
매미는 원숭이처럼 나무에 올랐다
날개를 펴고 맴맴 하며 날았다.

* 2008년 8월 8일 금요일 10시.

샐비어꽃

마당구석에 핀 샐비어꽃
빨간 색깔로 내게 다가서서
고추잠자리로 피었다

빨간 고추잠자리
저 꽃은 나를 닮았다
부끄러운 내 얼굴
빨개지는 내 얼굴.

* 2008년 8월 8일 금요일.

파리

무릎이 간지러워 보니
파리 한 마리가 내 무릎 위에 앉아 있다
문지르자 파리가 날아간다
무릎 위에 또 날아왔다
파리는 내가 좋은가 봐
가라 가라 너 싫다
그래도 파리는 또 온다
가라 가라.

하늘에 무슨 일이 생긴 걸까

하늘에 무슨 일이 생긴 걸까
비도 안 오는데
번개가 친다

베이징올림픽 개막하는 걸까
비가 오려는 걸까

누나가 이번 주 오려는 걸까
하늘이 공부하는 것이겠지
우리 아빠 우산 가지고 가시라고.

* 2008년 8월 10일 토요일.

수박

수박씨 심고 물을 줘야
햇빛이 빛난다
점점점점
수박이 자란다
수박을 열리게 한다

내 얼굴처럼 큰 수박을 먹는다
칼로 수박을 쫙 자르고 먹는다

수박씨 하고 빨간 수박이
가족끼리 앉은 것처럼 있다
먹고 싶다
한 입 먹으면 입이 시원하다
또 두 입 먹으면 더 시원하다

내 얼굴 수박처럼 둥글다

수박씨를 먹었다
"퉤" 하고 뱉는다
"퉤 퉤 퉤" 하고 계속 뱉는다.

* 2008년 8월 14일 목요일.

마늘꽃

가을바람이 휘휘 분다
구름도 살랑살랑 흘러간다
마늘꽃이 하얗게 피어 있다
엄마가 마늘꽃 진짜 이름은
흰꽃너도샤프란이라고 했다

오늘 누나가
하얀 치마 입고 서울 갔다
추석 때 다시 온다고 했다
그때까지 마늘꽃은 우리 누나다.

고추

고추 다섯 개가 달려 있다
점점 매워간다

뾰족한 끝으로 빨갛게 익어간다
된장에 찍어먹고 싶다

빨간 고추가 더 맛있다
채소하고 밥을 먹고 싶다

우리 엄마 다이어트 힘들거다.

* 2008년 8월 17일 일요일.

장미의 가족

장미꽃은 아빠다
가시가 있으니까

장미꽃은 엄마다
빨간 립스틱 바르니까

장미꽃은 형이다
힘이 세니까

장미꽃은 누나다
키가 작으니까
장미꽃은 우리 가족이다.

교육박물관에 가서

옛날 놀이
팽이치기
고무줄놀이
옛날 학교는 책상 의자도 작았다
칠판도 작았다

학교종이 있었다
도시락으로 점심을 먹었다
반찬은 콩, 계란말이, 멸치, 김치, 마늘장아찌
보리밥, 감자밥, 고구마도 먹었다

운동회 하는 것도 보았다
벌 서는 것도 보았다

옛날 학교가 더 좋은 것 같다
착한 아이들이 많이 있어서.

아이들

하은이는 큰딸
은혜
종륜이
하은이는 말 잘 듣지만
시끄럽다

은혜가 선생님 겨드랑이 만졌다
종륜이는 사람 있는데도 옷을 벗었다
또 집에 간다고 했다, 무서워서

아이들은 귀엽다
한혜경 선생님과 박물관에 소풍 갔다.

개미의 이불

샐비어꽃 이파리가
떨어져 있다
쓰레기가 돼버린다
도와주라
"메에롱" 한다

개미 두 마리가 떨어진 꽃잎 사이로
징검다리 놀이하고 있다
개미의 이불 같다
덮어주었다.

* 2008년 8월 19일 화요일, 아침 날씨는 흐림.

장미꽃

항아리 속에 장미가 있다
마당에도 장미가 있다
예쁘다고 엄마가 말씀하셨다

꽃병 속에 살아 있는 장미꽃은
마당에 피어 있는 것보다
더 좋아할 것이다
모두 예뻐하니까

장미 아홉 송이
빨강 네 송이
분홍 한 송이
흰색 네 송이
빨간 장미는 누나한테 줄거다
사랑하니까

나머지는 엄마한테 줄거다
좋아하니까

엄마와 누나는 꽃을 좋아하는 여자니까.

* 2008년 8월 20일 수요일.

잠자리 1

다리 여섯 개
날개 네 개
물속에서 알을 낳아요
열 번에서 열다섯 번
허물을 벗어요
물 위로 와 잠자리가 돼요

아랫입술로 먹이를 잡아먹어요
곤충 중에서 가장 빨라요.

* 2008년 8월 21일 목요일.

잠자리 2

잠자리 한 마리가
빙글빙글 날아다녀요
내가 예뻐서 보러 왔나 봐요
나는 예쁘게 웃고 있어요

그런데 그런데
잠자리가 나무 위로 올라가요
올라갔다 내려갔다 해요
빙글빙글 먹이를 먹으려고
잠자리가 배고픈가 봐요.

잠자리 3

잠자리 이름 많아요
허리만 노랗게 되어 노랑허리 잠자리
바퀴벌레 닮은 배치례잠자리
노란 실잠자리
거미줄 같은 날개 가진 밀잠자리
빨간 고추 닮은 고추잠자리
박쥐 닮은 나비잠자리
꼬리가 날씬한 고추좀잠자리

밀잠자리가 우리 집에 놀러왔어요
가을 선물 가지고 왔어요.

해바라기 가로등

공항 가는 길에
노랑 가로등이 하늘거려요
누구한테 비춰줄까나?

하얀 바닥에 왔다 갔다 하는 차 속에서
누가 즐거워할까?

해바라기꽃 밑에서
웃는 엄마.

* 2008년 8월 23일.

한라산 구름 오름

한라산에 오름이 있고
하늘에 대한항공과 아시아나 비행기가
왔다 갔다 한다

구름들은 오름에 비구름 된다
오름이 아름답다
지금 다른 모양이 된다

오늘은 늦을 거다
무슨 회의하는 것 같다
분위기가 재미있을 것 같다.

* 2008년 8월 23일 토요일 맑음.

파도

할머니가 해삼을 캐신다
할머니가 전복을 찾으신다
할머니가 삼촌을 찾으신다

파도에 풍산개가 보인다
용두암에 파도가 휙휙휙
할머니가 바람개비 돌렸나 봐.

* 2008년 8월 23일.

아침

해님이 떴다
한라산에만 비춘다
구름도 오름도 비춘다
등산 가는 사람은 좋겠다

우리 동네는 아직 뜨지 않았다
마당에서 운동하는 엄마는 좋겠다
얼굴 타지 않으니까.

* 2008년 8월 24일 일요일 아침 6시.

벌초

사람들이 일한다
예초기가 웡웡웡웡 돌아간다

음식장만 한다
화북 옆에 있다
성산포도 갈거다
재미있다

다음에 또 오겠다
운동장 됐다
나비가 돌아다닌다.

* 2008년 8월 24일 일요일 날씨는 맑음.

달맞이꽃

꽃나무가 흔들린다
달맞이꽃이 바람에 흔들린다
동시 쓰기 싫다
동시 공책을 던졌다
마음이 흔들렸다.

* 2008년 8월 25일 월요일 날씨는 맑음.

밤에

바람이 빙글빙글 돈다
우주 같이 돈다

밤에는 별도 있고 달도 있고
구름은 잘 보이지 않는다

"찌르르 찌르르"
밤이 울고 있다
나도 울고 싶다.

* 2008년 8월 28일 목요일 날씨 맑음.

소나기

번개 친다
"우르르 쾅" 한다
먹구름이 되었다가
비가 오락가락한다
낮에는 구름이 되어 있다
번개 치다가
비가 그쳤다

하늘엔 구름 한 점 없다
점점 비구름이 된다
비가 내린다
내일도 전국적으로 비가 온단다
수목만 비 온다
주말에 비 그친단다

8월달에 다 그친다
내일은 천둥번개 치지 않을 거다.

* 2008년 8월 29일.

콩

콩은 몸에 좋아요
두유 두부 순두부
된장 고추장 만드는 콩은 몸에 좋아요

날씬해지고 운동하는 것처럼 튼튼해져요

여기 동그란 콩이 있어요
빙글빙글 돌아요
책 속에 콩이 있어요
숨바꼭질하자고 가구 밑에 쏙 들어갔어요
고개를 숙이고 아무리 아무리 찾아도
찾을 수가 없어요
또다시 내가 술래 되었어요.

* 2008년 8월 30일 토요일 날씨는 맑음.

코스모스 리본

초록 치마에
빨간색 리본을 달았다
나비와 함께 춤을 춘다
허리가 길쭉 키가 크다
사람도 쭉쭉 큰다.

* 2008년 9월 7일 일요일.

즐거운 토요일

월 화 수 목 금
일주일은 7일

월요일은 공부를 시작하니까
화요일은 과학 공부하니까
수요일은 체육하니까
목요일은 그냥
금요일은 사회 좋아하니까
토요일은 선생님 1시 오니까
일요일은 글쓰기 갈 거니까

좋다
좋다

그중에도 '놀토' 가 재미있다
학교 안 가니까.

* 2008년 9월 27일 토요일.

흰둥가리

말처럼 생긴 흰둥가리
곰치가 냠냠 맛있게 식사하면
청소 새우가 와서 깨끗이 청소해 줘요

적들이 공격하면
복어는 몸을 둥글게 한 다음
몸 색깔을 바꿔요
자기 몸을 안 보이게 하려고 바꿔요

물고기 아빠는 아무것도 먹지 않고
깨어날 때까지 그 옆을 지켜요
우리 아빠를 생각했어요.

* 2008년 9월 30일 화요일.

비 오는 날

아침에 비 왔다
학교 갈 때 비 왔다
우산 안 가져 왔다
시원하게 비를 맞았다
나무도 좋아한다

한 사람이 우산을 쓰지 않고
천천히 걸어갔다

학교까지 비를 맞았다
노란색 운동화가 다 젖었다.

* 2008년 9월 30일 화요일.

우리 동네

우리 동네 사람들이 많다
원혁이는 고등학생이다
학교에서 나랑 농구했다
만나서 반갑다

29번지에는 개인택시 아저씨가 산다
키가 크고 잘생겼다
"승일이 잘해라." 나한테 이야기했다

27번지 5648 차번호
나이 많고 친절하신 아저씨
나만 보면 "어이!" 하고 인사한다

21번지 1437호 남색 차다

마르고 나이 많으신 분
나보고 인사 잘한다고 칭찬을 하신다
우리 동네 사람들이 이처럼 많다

그래서 나도 참 즐겁다.

* 2008년 9월 30일 화요일.

제4부 **골목에 핀 꽃**

꼬투리가족

콩 속에 있는 가족
점점 자라니까
꼬투리가 작다고
가족들이 그만 넣으라고
아우성이다

그러다가 펑펑 터지니까
밖으로 나간 콩들은
신나서 눈싸움하는 것 같다.

10월 달력

10월 3일은 개천절, 나라를 세운 날이다
태극기 달고 집에서 놀았다
10월 9일은 한글날!
세종대왕님이 한글을 만드셨다
빨간 날이 아니어서 놀았으면 좋겠다

10월 16일은 시험이다
시험 잘 보고 싶어서 빨리 왔으면 좋다
10월 21일은 경찰의 날!
경찰은 나쁜 사람을 체포하는 사람이다

10월 22일은 가을 소풍 간다
과자 사고 김밥 싸고 신나게 놀고 올거다
승일이는 시월이 바쁘다.

* 2008년 10월 3일 토요일.

골목에 핀 꽃

여우귀 닮은 여우귀꽃
포도씨 같은 포도씨꽃
노랗게 피었어요
겨드랑이 털꽃
겨드랑이 털을 만지는 것 같아요

내 뺨 닮은 보라색꽃
작은 해바라기꽃
아라동 꽃핀 동네
승일이네 동네.

* 2008년 10월 4일 토요일.

우리 동네 차

6739차 교수님이 타는 모양이다
깨끗하게 청소했다
할머니가 매일 청소하신다
마음이 좋아 보이고 얼굴이 뾰족해요
내가 마늘 캐드리니까 일 잘한다고 했다
차는 교수님만 타고
할머니는 걸어 다니신다
그 옆집 엄마차가 2451호
엄마가 학교까지 아들을 태워준다

고등학생 아들이 "안녕." 한다
우리 집 차 9437과 6028호
엄마 사무실 왔다 갔다 한다
6028은 농업기술센터로 아빠 모시고 간다

나는 9437이 좋다
나를 태워주니까 좋다.

* 2008년 10월 4일 토요일.

낙엽

낙엽이 떨어진 건 처음이에요
주룩주룩 떨어졌어요
노란색 빨간색 예쁜 옷 입었다가
겨울이 오니까
추운 바람이 부니까
나무는 잎을 떨구었어요
낙엽이 떨어지면 곤충들이 좋아해요
이불을 덮어주니까요
사람들도 좋아해요
바스락바스락
낙엽을 밟으며 길을 갈 수 있으니까요.

* 2008년 10월 7일

구름 우유

서쪽 하늘에 우유가 쏟아져 있다
억새가 정석비행장까지 따라온다

와산 가는데
하늘이 우유를 마셔버렸다
와산리는 구름 한 점이 없다

슬프다.

* 2008년 10월 11일 토요일.

우리 형

착한 형이다
같이 있는 게 좋다
마루에서 티비 보고 말 안 해도 나는 형이 좋다

내가 학교에서 돌아오면
"완?" 하고 웃어준다
우리 식구 중에서 나랑 많이 있어준다
내가 실수해도 웃어주는 형이다.

억새꽃

들판 빗자루가 허옇게 세워져 있어요
뜨거운 여름을 모두 쓸어버렸나 봐요
억새꽃 빗자루가 청소한 자리에 구름이 놀다 가요
억새꽃 빗자루가
들판에 가득 세워져 있어요.

* 2008년 10월 11일.

우리 동네

마늘이 땅 위에 줄기를 세웠다
남녕테크빌 가는 쪽에서 나한테 "안녕." 한다

불꽃 모양 같이 퍼져가는 억새꽃을 봤다
키가 크고 날씬한 여자
간질간질 했다
부끄러웠다

호박잎과 호박도 먹음직스럽지만 쓰러져버렸다
몸이 무거워 힘들었나 봐
엄마는 호박잎을 좋아하신다

감나무엔 감이 없다

우리 동네 사람들은
만날 때마다 악수를 한다.

* 2008년 10월 18일 토요일.

나무

아주 화려하게 열린 감을
얼굴도 모르는 아저씨가 땄다

감이 슬퍼서 빨갛게 잎이 변했다

은행나무는 키가 아주 커서
건강해 보인다
은행 알이 똥 냄새를 풍기면서
속이 안 좋은지 아파 보인다
말랑말랑한 똥 속에
딱딱한 은행 열매가 들어 있었다
토란도 옆에서 똥 냄새를 맡고 있다
머리에 쓰는 우산 같다.

이야기 의자

계단 아래 보라색 의자
국화가 앉아 있다
엄마랑 원혁이 엄마랑
이야기하는 의자

기쁜 얼굴
엄마를 기쁘게 하는 의자
나도 엄마랑 또 얘기한다
"공부해라."
"네." 하고 대답했다

아빠는 청이랑 놀았다
아빠도 기쁜 얼굴

나랑 선생님이랑 앉았다
어색한 얼굴
둘이만 앉아서 어색하다

가을이 와서……
선생님이랑 얘기해서
기쁜 얼굴로 웃는 의자.

* 2008년 10월 18일.

개미 가족

개미는 가족이 많아요
여왕개미는 하늘에서 짝짓기를 하고
땅속에서 알을 난데요
애벌레가 번데기가 되고 개미가 돼요
일개미는 개미집을 짓고 애벌레를 돌보고
그래서 바쁘고 힘들어요

개미귀신이 나타나면 도망가고 무서울 것 같아요
병정개미는 군인아저씨처럼 집을 지켜요
다 모여서 살기 때문에 좋을 것 같아요
같이 식사하고 그래요
같이 살아요
좋을 것 같아요
행복할 것 같아요.

* 2008년 10월 21일 화요일.

왕호박

호박은 승일이보다 더 크고 무겁데요
100킬로그램
나는 60킬로그램
가축의 똥오줌으로 재배한 호박이 먹음직스러워요
들어 올리려면 "끙" 하고 그래야 돼요

호박은 칼로 잘라서 호박죽 만들고
엄마께 드릴 거예요

호박떡 만들어
아빠께 드릴 거예요
남은 호박은 우리 집 강아지에게 줄 거예요
호박을 좋아하니까요.

* 2008년 10월 25일 토요일.

아무도 없는 운동장

아무도 없는 수돗가
어색해 보인다
운동장은 커 보인다
아라동 집에 가고 싶어서
집에 가는 생각을 한다

친구는 신제주로타리에 산다
나는 아라동에 산다

축구 골대는 조행해도 좋다며
낮잠을 잔다

구석에 있는 나무들이 놀 생각을 한다
나를 기다리며

나는 왕따이다
나는 혼자이다

친구 지현이가 생각난다.

* 2008년 10월 25일.

담임선생님

긴 머리 파마머리
키가 크다
바지를 입어도
치마를 입어도 예뻐요
어울려요
강지영 선생님은 좋은 선생님.

3학년 6반

우리 반이다
김윤우 반장은 다리가 아프다
휠체어 바퀴로 다닌다

김태윤 부반장
공부를 아주 잘한다

승일이는 얼짱
여자들은 얼짱

고용건은 태권도선수
태권도 잘한다
발차기도 잘한다

승일이는 우리 반이 좋다
태도를 좋게 해서 고등학교는
남녕고에 가고 싶다.

* 2008년 10월 25일.

사과

빨간 사과
내 볼 같은 빨간 사과
껍질을 아삭아삭 벗기면
노란 살이 부끄러워서 춥다고 그래요

사과주스는 배 아플 때
구운 사과는 찬바람이 살랑살랑 불 때 먹으면 좋아요
사과 쿠기는 가족이랑 먹을 때 좋아요
같이 먹으면 더 좋아요
사이가 좋아져요
사과 쿠기는 처음이에요
제일 맘에 들어요.

김밥

선생님이 싸 오신 김밥
쌍둥이 애기가 유치원 소풍 가서 가져왔어요
계란 게맛살 오이 햄 어묵 단무지가
서로서로 어깨동무하고 있어요

하얀 밥을 검은 김이 지키고 있어요
빠질 수 없어요
도망칠 수 없어요
아삭아삭 쩝쩝쩝
승일이가 다 먹었어요
맛있어요
매일매일 소풍 가고 싶어요.

* 2008년 11월 1일.

단풍 그네

제주대학교에 갔다
나무가 흔들흔들
빨간 이파리도 흔들흔들

추워서 그랬나
내가 쳐다보니까 가만히 있다
하늘은 회색 구름이다

단풍 이파리가 그네를 탄다.

* 2008년 11월 2일 일요일.

낙엽 누나

바스락바스락
"사랑한다."
"안 한다."
한 잎 두 잎 따서
누나가 꽃가루처럼 날려 보낸다
두 손에 가득 웃고 있다
환호한다
날아가는 모습이 누나 같다.

털머위꽃

꽃들이 박수치고 있다
돌의자에 앉아 있다
나에게 보면서

차 안에서
워킹공연하는 것을 보고 있다
꽃들도 조용히 앉아 있다.

* 2008년 11월 2일.

엄마, 울지 마세요
사랑하잖아요